KB274578

시로 빚은 묵상과 영성 죽어서 십자가가 된 나무

예은목 지음

죽어서 십자가가 된 나무

예은목 지음

은목

추천사

예언록 강설과 묵상을 한동안
나의 베개 삼아으로 충실하게 시쓰기를
다한 노목승의 제자입니다.

원래부터 시적 소질이 있어 삶을
쓰도록 제가 받아 권면하곤 일이있습
니다.

예언목 강하고 묵상의 시는 아름답고
신앙적 깊이가 넘치는 감동이 있습니다.
그분에 이처럼 아름다운 시를
노아 귀한 시정을 출간하게 됨을
진심으로 축하드리며 독자들에게 많
은 사랑을 받을줄 기대합니다

조 용기 목사

　예은목 강석자 목사는 한동안 나의 비서실장으로 충실하게 사명을 다한 순복음의 제자입니다.

　원래부터 시적 소질이 있어 시를 쓰도록 제가 많이 권면한 일이 있습니다.

　예은목 강석자 목사의 시는 아름답고 신앙적 깊이가 넘치는 감동이 있습니다.

　금번에 이처럼 아름다운 시를 모아 귀한 시집을 출간하게됨을 진심으로 축하드리며 독자들에게 많은 사랑을 받을 줄 기대합니다.

2010. 11.
여의도순복음교회 원로목사

조용기목사

내가 그리스도와 함께
십자가에 못 박혔나니
그런즉 이제는 내가 사는 것이 아니요
오직 내 안에 그리스도께서 사시는 것이라
이제 내가 육체 가운데 사는 것은
나를 사랑하사 나를 위하여
자기 자신을 버리신
하나님의 아들을 믿는
믿음 안에서 사는 것이라

(갈 2:20)

「죽어서 십자가가 된 나무」는 구원받은 하나님의 자녀들이 삶 가운데 풀어내야 하는 그리스도인이 삶을 잘 표상합니다.

하나님의 말씀이 시가 되기까지 묵상하고, 주님의 말씀이 영감이 되기까지 기도하신 예 목사님의 말씀 사랑은 우리에게 큰 도전과 감동을 줍니다.

모든 독자 여러분들께 묵상의 기쁨과 축복이 있으시기를 바라며, 이 시집이 더 깊고 오묘한 신앙의 세계로 여러분을 인도하는 안내자가 되기를 소망합니다.

2010. 11.
여의도순복음교회 당회장
이영훈 목사

이번 시집의 이름이 「죽어서 십자가가 된 나무」다. 그만
치 예수님의 사랑이 푹 넘치는 시집이다.

많은 작품 가운데 주로 〈성령님〉〈예수님〉〈주님〉〈하
나님〉〈죽음〉〈사랑〉〈행복〉-같은 말이 많고 보면 그의
시작 의도가 일반시와 다르다는 것을 알 수 있다. 자신을
죽어서 십자가가 된 나무에 비유한 그 자체가 얼마나 은
혜로운가? 그 메타포어의 수법도 뛰어나다 하겠다. 그는
보통 시인이 아니라 오랜 역사를 가진 시인이다. 유수한
문예지에서 추천을 받고 등단하여 남다른 영성과 시적 감
각으로 좋은 시를 지금까지 줄곧 쓰고있다. 그리하여 남
이 따를 수 없는 높은 정신과 정력으로 많은 시집을 출간
하였다.

그 많은 시집 가운데 특별히 행복과 영원을 주제로한
작품이 많아 믿음의 시인으로 부각되고 있다. 강석자시인

은 특별한 은혜를 받아(예은목)이란 필명을 쓰면서 더 기독교적인 시세계에 깊이 들어가고 있다. 누구보다도 눈을 크게 떠서 해외선교를 하면서 더욱 색깔이 짙어졌다. 여기 제시된 많은 시가 현재 선교하고 있는 스웨덴에서 이루어졌다는것 만으로도 잘 알 수 있다.

　앞으로도 그의 뚜렷한 사명과 시정신이 불타는 한 더 좋은 시세계가 열릴 것을 확신한다.

2010. 11.
시인, 성신여대명예교수, 한국기독교문인협회장
이 성 교

죽어서 십자가가 된 나무를 바라보면서 깨달은 것이 있습니다. 살아서 잎이 무성한 나무는 절대로 십자가가 될 수 없다는 것과 내가 죽지 않고 살아서 내 자아가 무성하면 주님은 언제나 내 안에 갇혀 계실 수 밖에 없다는 것도 알게 되었습니다. 죽은 나무 십자가는 침묵의 언어로 말합니다. 너도 죽어야 예수님이 사신다고—

죽지 않은 신자는 신자가 아니며, 자신을 죄의 결박에서 풀어 주신 예수님을 오히려 자아의 밧줄로 결박하면서도 자신의 행위를 알지 못한답니다. 예수님과 함께 죽고 예수님이 대신 살아 주시는 인생을 사는 사람은 참으로 행복합니다. 걱정 근심 대신 하늘의 평화를 맛보며 이 땅에서도 하늘의 영광을 누리고 살기 때문입니다.

그러나 악한 사단은 시시 때때로 숨어 들어서 죽은 옛사람을 살리려 합니다. 실제로 문득문득 살아서 옛사람으로 돌아간 내 자신을 발견할 때마다 더 슬픈 절망은 없습니다. 날 괴롭히는 상대방의 악한 행위때문에 슬픈게 아니라 죽은 나 대신 사시는 예수님을 밀쳐내고 다시 살아난 내 옛자아가 몸서리치게 절망스럽습니다.

그럴때마다 오, 주님! 내가 죽기 원합니다. 나를 죽여 주소서! 나는 죽고 오직 예수님만으로 살게 하소서

십자가를 보며 부르짖곤 하던 어느날 죽은 나무 십자가 위로 무지개가 피어 올랐습니다. 내가 죽고 예수님만으로 살때 누릴 하나님의 영광을 무지개로 보여 주신 하나님—

하나님의 약속이라는 확신때문에 영롱한 무지개빛 행복이 나를 사로잡았습니다. 이 귀한 행복을 독자 여러분과 함께 나누고 싶어서 미숙한 글을 또 선보이며 내가 죽고 그리스도로 살게 하시는 우리 하나님께 감사와 찬송과 영광을 영원세세토록 드립니다.

항상 칭찬과 격려로 큰 힘을 주시는 영적 스승이신 여의도순복음교회 조용기 원로목사님과 당회장이신 이영훈 목사님, 그리고 어린 중학교 시절부터 글 스승이신 이성교 장로님께 무한한 감사를 드립니다. 또한 이 책이 나오기까지 수고하신 영란자매님께 애정어린 감사를 드립니다.

2010. 11.

예은 목

목차

죽어서
십자가가 된 나무

죽은 나무가
십자가가 되어 말하네

잎이 무성한 산 나무는
십자가가 될 수 없듯이

나도 죽어야
예수로 살 수 있다고─

자작나무가 많은 북유럽 스웨덴. 스웨덴에 있는 우리 기도의 집 뜨락에도 한 그루의 자작나무가 하늘 향해 곧게 자랐습니다. 봄에는 움트는 새싹이 마음을 사로잡고, 여름엔 푸른잎이 청청하여 청년의 꿈을 주고, 가을엔 고운 단풍옷 입고 미소 짓던 그 나무가 겨우내 서리꽃 눈꽃 피워 화관처럼 쓰고 있더니 웬지 모르게 죽어버렸습니다. 수십년 하늘 향해 쭉 뻗어 곧게 자란 큰 나무가 죽다니…… 마음이 슬펐습니다. 왜 죽은걸까요? 주님께 여쭈어보기도 했습니다

곧게 하늘 향한 나무 중간을 자르고 윗부분을 잘라 가로로 붙이니 커다란 십자가가 되었습니다. 사다리와 잘려진 나무 잔재를 치우기도 전에 십자가가 된 나무뒤에서 무지개가 떠올랐습니다. 꽃구름처럼 피어오른 무지개가 십자가 뒤에서 힘차게 솟구쳐 올랐습니다

아, 감동의 그 순간―
죽어서 십자가가 된 나무처럼 너도 죽어서 예수님처럼 살거라! 네가 죽어야 예수 그리스도가 산다. 장엄한 주님의 음성이 내 영혼을 사로잡습니다.
오, 주님! 나는 죽고 예수님으로만 살게 하소서!

묵상

묵상이란
말씀을 되새김질하는 것

그 말씀을 꼭꼭 씹거나
시편 기자처럼
종일 입에 두는 것을 의미합니다.

말씀을 묵상한다는 것은
곧 예수님을 깊이 생각하는 것
말씀에 우리의 눈을 고정시키고
마음의 쓰레기를 다 쓸어낸 후

성령의 세계로 들어가
하나님과 사랑가운데
연합하는 것입니다.

가장 위대한 소식은
말씀이 육신이 되었다는 것입니다.

그러므로
매일 묵상을 통해
묵상으로 거룩한 육화(肉化)
작업을 계속하는 것은

참으로 위대한
우리의 소명,
우리의 임무입니다.

묵상은
하나님 말씀을 되새김질하여
내가 하나님과 한 몸 되게 하며
내가 예수님의 형상으로 빚어지는 것입니다.
성령으로 온전히 지배를 받는 것입니다.

죽어서 십자가가 된 나무

영성

영성이란
예수님을 닮는 것.

하나님께서 높이 들어 쓰실 수록
가장 낮은 곳에서
헐벗고 굶주리는 이들 가운데
사랑의 둥지를 틀고

그들을 하나님 가족으로 돌보는 것

예수님이
가장 낮은 곳
우리에게 오셔서 하신 것처럼……

묵상과 영적 성숙

말씀 묵상에는
분명한 목표가 있어야 합니다.

영적으로
성숙한 그리스도인
작은 예수가 되는 것입니다.

영적 성숙은
오직 말씀을 통해서
성령님의 기름부으심으로
이루어집니다.

말씀은 생명의 양식
생명의 떡이므로
하나님의 입으로 나오는
모든 말씀으로 살라고
 예수님이 말씀하셨습니다.

사람을 세우는 것도
성숙한 그리스도인이 되는 것도
오직 말씀 묵상입니다.

묵상의 유익

묵상은
하나님의 축복의 수단.

묵상을 통해
하나님의 은혜가
강물처럼 흐릅니다.

묵상을 한다는 것은
하나님의 은혜의 세계를
여행하면서
꿀송이 같은 말씀을 먹고

과실을 맺는 것입니다.
다른 사람이 따먹을 수 있도록—

묵상을 통해
열매 맺을 때
하나님께서 존귀와 영광을 받으십니다.

이것이
묵상의 목표요, 유익입니다.

여호수아의 형통은 묵상의 형통입니다.

"이 율법책을 네 입에서 떠나지 말게 하며
주야로 그것을 묵상하여 그 가운데 기록한 대로
다 지켜 행하라 그리하면 네 길이 평탄하게
될 것이라 네가 형통하리라."

이 말씀이
지금은 나의 말씀! 나의 형통입니다!

묵상과 영성훈련

예수님의 제자가 되는 것은
성도에게는 필수과목입니다.

제자는 배우는 사람
제자는 훈련을 받는 사람

제자는 예수님을 닮아가고
스승이 제시하는 삶의 수준을
영광의 목표로 삼는 것입니다.

예수님이 사용하신
영성 훈련의 초석은
말씀 묵상이었습니다.

예수님의 영성훈련의 뼈대는
말씀에 거하여 참 제자가 된다(요 8:31)
서로 사랑하고(요 13:35)
열매를 맺는 것입니다(요 15:8).

가장 중요하고 기초적인 것은
예수님 말씀 안에 거하는 것입니다.

예수님 사랑 안에
거하는 친밀감을 통해서
열매를 맺는 것입니다.

영성 훈련은
생각을 훈련하는 것입니다.
생각을 통해 우선 순위를 분별하기 때문입니다.

훈련을 통해서
우리는 가장 높은 수준에 이릅니다.

영성 훈련장의 교장은 성령님이시며
전적인 순종과 기도가 훈련의 첩경입니다.

예수님과 묵상

예수님의 영적 승리는
말씀 묵상의 비결—

그 분이
입을 여시면
말씀이 물 흐르듯 나왔습니다.
바로 그 분은 말씀이셨습니다.

진리의 샘에서
진리가 솟아 나왔습니다.

새가 하늘을 날듯
물고기가 물에서 헤엄을 치듯

예수님께서는
말씀전하는 일이
자연스러웠습니다.

말씀이 그 분 안에
가득 차 있기 때문입니다.

예수님은
하나님의 아들이시나
자신을 비워 인간의 몸을
입고 오셨는데

진리로 가득 찰 수 있었던 것은
말씀 묵상이셨습니다.
말씀을 가득 채우시려 훈련하셨습니다.

우리도 예수님을 닮기 위해서는
예수님처럼 말씀을 사랑하고
우리 자신을 말씀으로 채우는 것입니다.

영적 성장의 단계

교회는
하나님의 가정입니다.

하나님의 가정
하나님의 자녀들은
영적으로 잘 성장해야 합니다.

말씀 묵상을 통해서
세 단계로 성장합니다.

첫 단계는
유아식으로 남이 먹여주는
신령한 젖을 먹는 시기.

둘째 단계는
스스로 말씀을 먹는 부드러운 것에서
딱딱한 음식도 잘 소화하는 모든 말씀을
잘 먹는 식욕이 왕성한 청소년 시절.

셋째 단계는
스스로 말씀을 먹으며
남에게까지 먹여주는 단계
이 때는
말씀의 깊이가 깊어집니다.
스스로 깨닫고
남도 깨우쳐야 하므로 학자같이 알아듣고
학자같이 가르치는 어른이 되는 것입니다.

성장이란,
자기를 넘어서는 것.
자기를 넘어 선다는 것은
남을 위해 아름다운 헌신으로
하나님의 뜻을 이루는 것입니다.

과실나무

나무는
자신을 위해서
과실을 맺는게 아닙니다.

나무는
과실을 맺어서
자신이 먹는 법이 없습니다.

순전히 다른 사람들을 위해서……
따먹는 사람들의 즐거움을 보는게
과실나무의 행복입니다.

과실을 많이 맺어서
하나님께 영광을 돌리는게
과실나무의 행복한 사명입니다.

나는 과연 어떤 나무일까?
생각합니다.

꽃만 피우고 과실을
맺지 못하는 건 아닌지 두렵습니다.

풍성한 열매를 맺기 위해
말씀 묵상의 밭으로 달려가야겠습니다.
지금 바로!

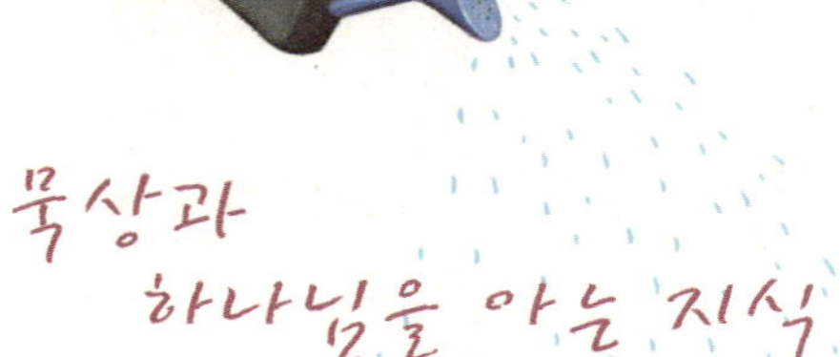

묵상과 하나님을 아는 지식

신앙성장의 근본은
영적 지식입니다.

열심과 성실과 충성
온유함으로 겸손하게 행함은
그리스도인의 삶을 빛나게 합니다.

이 모든 것 위에
지식이 있어야 합니다.
모두의 기초가 되는 것이 지식입니다.

예수님을 핍박하는
유대인들은 하나님께
열심은 있으나 지식을 따르지 않았습니다.

올바른 지식을 겸하지 못한
이스라엘 백성의 열심이
오히려 하나님을 대적하고
그 아들을 죽이게 했습니다.

하나님이 우리에게 원하시는 건
참된 지식을 갖는 것입니다.

하나님을 아는 지식은
말씀을 통해서 묵상하며
하나님을 아는데 목적을 두어야 합니다.

여러가지 헛된 종교들이
모두가 참된 지식이 없어서 생긴 것입니다.

인간의 성숙과 행동 양식은
하나님을 아는 정도에 비례합니다.

하나님을 아는 만큼
그 분을 사랑할 수 있습니다.

묵상과 성령님

묵상에는
반드시 성령님께서
함께 하셔야 합니다.

말씀과 성령은 함께 역사하십니다.

신령한 세계를 나는
독수리의 두 날개는 말씀과 성령입니다.

말씀이 역사하는 곳에
성령이 역사하시고

성령님이 역사하시는 곳에
말씀이 역사합니다.

초대교회의
성령의 부흥은
곧 말씀의 부흥이었습니다.

묵상할 때는
먼저 성령님의 도우심을
구하는 기도로 시작해야 합니다.

성령께서 말씀을
조명해 주셔야 깨닫기 때문입니다.

성령님은 우리를
진리 가운데로 인도하십니다.

성령께서 생각나게 하시고
친히 모든 걸 가르쳐 주십니다.

성령님은 누구신가?

성령님은
삼위일체 하나님 가운데
제3위의 하나님이십니다.

예수님이 부활하시고
승천하신 후 열흘만에
오순절 마가 다락방에 오셨습니다.

성령님은
하나님의 크신 능력과 권능의 영이시지만
조용하시고 인내와 자비가 무궁하신

하나님 자녀들의
스승이시며 어머니 이십니다.

나는 기도할 때 외에도
언제나 성령님을 엄마라고 부릅니다.

그 분은 항상
내 안에 나와 함께 계시므로
일상 생활 중에도 우리는 다정한 모녀가 됩니다.

성령님은 우주의 스승이십니다.
지혜와 지식이 그 분을 통해서
모든 만물에 전달됩니다.

그 분께서는
하나님의 자녀들을
천국 왕실의 로얄훼밀리로
왕족교육을 시키려 이 땅에 오셨습니다.

성령님은 또한 위대한 샤프롱 이십니다.
머지 않아 오실 예수님의 신부로
우리를 단장시키십니다.

신랑 예수님이 오시면 그 신부 될 우리를 보시고
"나의 사랑 너는 순전히 어여뻐서(아 4:7)
아무 흠이 없구나" 감탄하시도록 —

성령님은
지금 교회와 성도들을
신부 단장시키시고
혼인잔치 서두시는

우리들의 영원한 어머니십니다.

묵상과 하나님의 음성듣기

하나님의 사람은
하나님의 음성을 들어야 삽니다.
하나님의 음성에 민감해야 합니다.

그것은 하나님 사랑의 표시
그리스도의 제자가 추구할 목표입니다.

하나님의 음성을 듣는 것은
성도의 영광이요 특권입니다.

하나님은 친히
"나를 청종하라 그리하면 너희가
좋은 것을 먹을 것이며 너희 마음이
기름진 것으로 즐거움을 얻으리라"고
말씀하셨습니다(이사야 55:2).

하나님의 음성을 듣는 것은
즐거운 일이요 영혼이 사는 일입니다.

하나님의 음성은 다양하지만
말씀묵상을 통해서 들을 수 있습니다.

말씀을 묵상할 때
말씀을 뜨겁게 깨달음으로

머리로 읽던 말씀이
마음으로 미끄러져 와
감격의 눈물과 통곡으로 이어집니다.

성령님은 그 품는 말씀을 통해
깨달음으로 자상하게 말씀해주십니다.

하나님의 음성을 듣는 것보다
더 큰 기쁨은 없습니다.
하나님의 음성은 문제해결의 열쇠입니다.

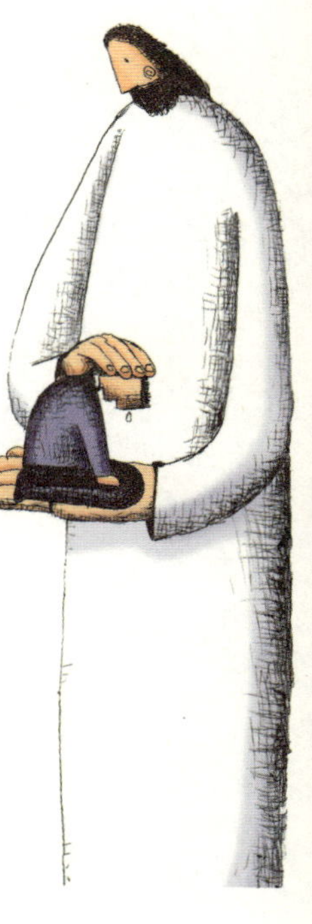

말씀의 깊은 바다에 빠지는 묵상

오늘날
절실히 요구되는 사람은
깊이가 있는 사람입니다.

깊이 있는 사람만이
사람의 깊은 심령을 이해합니다.

깊이 있는 사람을
하나님이 또한 즐겨 쓰십니다.

깊이 있는 사람이 되려면
말씀의 깊은 바다 속으로 잠수해야 합니다.

시편 42편 7절에
"깊은 바다가 서로 부르며……"
고요한 침묵의 바다가
우리를 초청합니다.

깊은 바다에 스스로 빠지는
말씀묵상은 거룩한 모험입니다.

말씀의 바다에 들어가기만 하면
모두 변화되어 나옵니다.

사도 바울처럼
말씀에 붙잡힌 사람이 되는 것입니다.

말씀은 보배입니다.
말씀 속에 감추어진 보배를 찾기 위해
깊은 묵상이 필요합니다.

깊은 바다에 빠지듯
묵상에 깊이 빠지면
우리 몸 혈관에 말씀이 흐르고
온 몸이 말씀 덩어리가 됩니다.

그러하기에
나의 몸이 걸어다니는 성경!
살아있어 말하는 성경이 되는 것이 소원입니다.

예수님을 닮는 묵상

묵상의 목표는 예수님을 닮는 것

성경 전체에 흐르는
하나님의 관심은

그 자녀 된 우리가
하나님을 아는 것입니다(롬6:6).
그리스도를 닮는 것입니다(롬8:9).
하나님의 사명을 이루는 것입니다(요17:4).

이것이
하나님이 우리에게
성경을 주신 목적입니다.

이것이
성경에 흐르는 세 개의 큰 강 —
성령님은 이 세 강 물줄기를 타고 역사하십니다.

우리는 성경을 통해서
예수님을 알고

그리스도의 장성한 분량에 이르고
하나님을 알아야 그리스도를 닮고
하나님을 아는 만큼 사랑하고
하나님을 사랑해야 변화되는 것입니다.

다른 사람의 변화를 요구하기 전에
내가 먼저 예수님을 닮으려 합니다.

다른 사람을 위해 열매를 맺고
남이 따먹으며 즐기는 걸
나의 최상의 행복으로 삼으려고
오늘도 말씀 묵상의 숲을
주님과 함께 산책합니다.

성령의 새롭게 하심

하나님의 친 백성
하나님의 자녀인 그리스도인에겐
영적 규범이 있습니다.

중생의 경험을 통해
신분의 변화 —
하늘의 시민권 자로서
말씀의 규범대로 순종하는 것입니다.

중생 이전에는
우리 내면의 동기가
하나님과 상관없는 어리석음, 불순종……

마귀가 조종하는
정욕과 쾌락 질투와 미움이 주도하는
인간관계로 살았습니다.

그러나 이젠
하나님 사랑의 확실한 증거
그리스도의 십자가를 통해
중생의 씻음을 입었습니다.
신분변화 ―
사단의 종에서 하나님의 자녀로

성령 하나님이 오셔서
"성령의 새롭게 하심"으로
하나님 나라 상속자 ―
하늘나라 로얄 훼밀리답게 교육을 시키십니다.

성령! 그 분께서는
모든 선한 것들이
우리 안의 "성령의 새롭게 하심"에서
흘러나오도록 ―
하나님의 의로 교육시키십니다.

하나님은
사회나 국가를
인류의 역사를 붙들고 계십니다.

하나님은 우주의 통치자이시며
인간 나라들도 주관하십니다.

그러므로
하나님 허락 없이는
어떤 권력도 가능하지 않습니다.

때로는
백성들의 죄를 깨닫게 하기 위해
우둔한 권력자가 세워지기도 합니다.

성경은
그리스도인으로 하여금
자신이 속한 국가의 규범을
따르도록 준법정신을 요청합니다.

준법정신을 권면하는 목적은
더 큰 상위의 "영적 헌법기관"인
하나님 나라의 확장과 평안을 위한 것 —

하나님 나라를 대체할
민주주의나 국가 우선주의는 결코 없습니다.

우리 그리스도인들이
국가와 민족과 사회에 갖는 관계는
더 위대한 틀이며 규범인
하늘나라의 소명에 의해 규정되어야 합니다.

우리는 모든 일에
관용하고 친절하며
온유하여 선량한 시민으로 살아야 합니다.

우리는 하늘나라를
대표하는 시민으로서
이 땅에 파송된 천국의 대사입니다.
(롬13:1)

용서

용서는
나를 해친 사람에게
나도 해칠 수 있는
나의 권리를 포기하는 것 ―

하나님의 사랑 때문에
순전히……
하나님의 사랑으로

내가 먼저
하나님께 용서받은
자유인이기에……

무화과 나무아래 있을 때에

예수께서
나다니엘이 자신에게
오는 것을 보시고

참 이스라엘 사람이라고
그 속에 간사한 것이 없다고 말씀하셨습니다.

나다니엘이
어떻게 자기를 아시느냐고
여쭈었을 때

"빌립이 너를 부르기 전에
네가 무화과 나무아래 있을 때에
보았노라"고 대답하셨습니다.

사랑하는 그대여!
지금 당신은 어디에 있습니까?

하나님의 눈은
온 세상에 가득하여
당신의 마음까지 꿰뚫어 보신답니다.

하나님의 눈에
아름다운 사람이 되는 것이 참 행복입니다.

하나님의 신비한 사랑

하나님의 사랑은
참으로 신비한 사랑.

그 사랑이
너무 크고 무궁하며
영원하다는 것
꼭 그래서 만도 아닙니다.

광활한 우주가
하나님의 선한 것으로
가득 찼기 때문도 아닙니다.

헤아릴 수 없는
뭇 별들의 제자리 지킴과
은하계의 질서 —

광대한 우주 공간
지구라는 별에서
지금 내가 살고 있다는 것
그 때문도 아닙니다.

내가 사는 동그란 지구가
거의 물방울 같은 지구가
물 한 방울 흘리지 않고

스스로 돌고
또 태양을 매년
한 바퀴씩 돌아도
침묵 속에 고정된 것 같은 느낌
그 때문도 아닙니다.

그 보다
더 신비한 하나님의 사랑!

인류를 위해서란 건
이해 할 수 있지만

벌레만도 못한
날 위해서
참혹한 십자가를 진채
죽으신 일―

태초부터 세 말까지
이 땅에 무수한 사람이 있어도

오직
나 한 사람만을
제일로 사랑하시는 것 같은

어찌 보면
그의 독생자보다
날 더 사랑하시는 것 같아서
송구스럽기만 한……

그 신비한 하나님의 사랑!

아! 난— 그냥—
세월이 흐를수록
그 신비한 사랑에 푹 빠져서
영영 헤어날 수 없기를 바랄 뿐입니다.

찰신자

참 아름다운 그리스도인

상냥하고
친절하며
믿음과 사랑이 가득한 사람.

세상에서
그리스도의 빛이 되고
그리스도의 향기가 되는 사람.

세상에서
그 빛을 보고
그 향기에 취해 하는 말 —

"찰신자구만!
저 사람은 진짜 찰신자야!"

가장 고상한 학문

"모든 학문 중에
가장 고상한 학문은
인간이 무엇이고
삶을 어떻게 살아야 하는지를
연구하는 학문이다" 라고

플라톤이 말했다.

하지만
철학이나 그 어떤 학문도
해답은 없다.

그러나
성경은 정확하게 말한다.

인생이 무엇이며
어디서 왔으며
왜 왔으며
어떻게 살아야 하는지
그리고 어디로 가야하는지

어떻게 영원히
행복하게 살 수 있는지를……

인생의 모든 해답은
오직 예수 그리스도 —

"예수 그리스도를 아는 지식이
 가장 고상함이라"고

성경은
밝히 말하고 있다.

(빌3:8, 갈4:3, 골2:8)

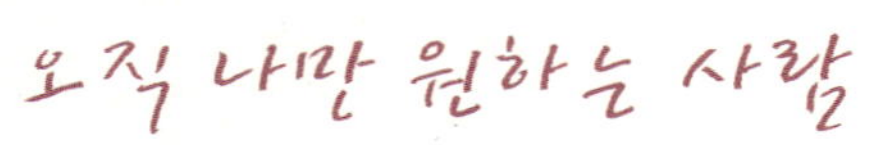

"여기 오직
나만 원하는 사람은 없니?"

그 분께서
이렇게 물으신다면

나 조용히
두 손들고 일어서겠어요.
그리고 조용히 대답하겠어요.
"네, 저 여기 있는데요!"

난, 그 분, 주님외엔
의지할 곳이 없는 사람이므로……

말씀만 먹는 사람

말씀만 먹는 사람
하나님 말씀만 먹는 사람이 되렵니다.

누에가 뽕잎만 먹고
비단실로 집을 짓듯

나도 말씀만 먹자
하나님 말씀만 —
사모하며 즐기면서……

말씀이 육신이 되신 예수님
나도 말씀으로 채워진
살아있는 성경,
걸어다니는 성경이 되기를 꿈꾸면서……

하나님 말씀만 먹고
하나님 형상 —
나, 오직 작은 예수가 되면
더 바랄 것이 없습니다.

뽕잎만 먹는 누에

누에는
뽕잎만 먹고 산다.

뽕잎 아닌 것은
죽을지언정 먹지 않는다.

누에는
일편단심 뽕잎만 먹는다.
사랑하므로 즐기며 먹는다.

뽕잎은
누에 속에서
비단실이 되어 나온다.

뽕잎만 먹는 누에는
우아하게 비단실로 집을 짓고
비단 궁에서 단 꿈을 꾼다.

나도야
하나님의 말씀만 먹는
한마리의 누에.

독수리의 눈으로 하늘을 보라

땅은 작은 별
땅만 보지말고
하늘을 보아라.

땅만 보는 자는
땅이 우주에서 가장 큰 줄 알고
하늘을 보는 자는
지구가 작은 별임을 안다.

독수리의 눈을 갖고
하늘 높이 날아서
하늘 보좌에 앉으신 하나님을 보라.

하늘을 보는 사람들은
하나님의 기적을 낳는다.
라이트 형제가 독수리처럼 나는
비행기를 만든 것처럼—

독수리는 태양을 그리워한다.
그래서 태양이 구름에 가리면
구름을 뚫고 올라가서 태양을 본다.

너! 사람아!
인간은
하늘의 하나님을 보며 살도록
지어졌음을 알라!

고요속에서 들려오는
그분의 음성에
오늘도 고장난 내 영혼이 수리됩니다.

남의 일에 상관하지 말라

남의 일에
상관하는 것은 미련한 일.

네 할 일만 해라!

남의 일에 상관하면
비판이 따르게 되고
비판하면
하나님 말씀에 불순종이 되니
네 일에 유익함이 없노라!

네 할 일에
온 정성을 쏟으라.

네 하는 일이
하늘 아버지의 일임을 명심하면서……

불꽃같은 눈과
놋쇠 같은 발을 가지신
하나님이 모두를 감찰하시느니라!

내 영혼에
파도처럼 밀려오는 그 분의 음성이다.

사랑의 매

사랑으로
다스리기 위해
꼭 필요한 것은
사랑의 매!

사랑의 매는
유혹의 길을 막는 방패―
하나님께서 그렇게 하십니다.

그 분은
이 세상을 사랑으로 다스리지만
사랑의 매를 사용하십니다.

사랑의 매는
바른 길로 인도합니다.

와서 조반을 먹어라

바쁘다고
부엌일 하는 것
식구들을 위한 요리……-
식탁 차리기 등을
소홀히 하는 나에게

예수님이
조용히 다가오셨습니다.

"와서 조반 먹어라"-

만왕의 왕!
우주의 통치자 하나님 ─
그 분이 제자들을 위해서

그것도
춥고 어스름한 새벽 바닷가에다
숯불을 피워서 떡과 생선을 구으시고
손수 조반상을 차리셨습니다.

오!
너무나 부끄러웠습니다.
성도들에게 늘 대접만 받을 줄 알던 나……

(요 21:1-14. 묵상)

절망은
그대가 쉬어야 할 밤.

절망의 밤에
슬픔도 함께 기숙합니다.

절망은
슬픔이 머무는 기숙사

한 잠 자고 나서
그대보다 더
슬픈 사람들을 도우면
절망은 어느새 도망가 버리고

깊은 밤 뒤에
희망의 동트는 아침이 오듯

슬픔이 변하여
기쁨의 춤을 추게 됩니다.

절망은
희망과 기쁨을
가득 실은 환희의 수레인 것을……

절망이
가르쳐 주고 갔습니다.

못 자국 난 손

병든 자의 육체가
즉시 낫는 것을 보는 것은
놀라운 일입니다.

그러나
기적보다 더 중요한 건

「거듭남」이라고
예수님은 말씀하셨습니다.
「거듭남」이야말로 최고의 기적입니다.

그 분은 누구에게도
자신을 강요하지 않으십니다.

그 분의 못 자국 난 손은
모든 인류를 다 사랑으로
어루만지시길 원하시지만

누구든지 스스로 원해서
그 분을 영접하기 바라십니다.

그 분의 못 자국 난 손은
인류를 사랑하시므로
스스로 못 박힌 죄 사함의 손입니다.

그 손길은
영원한 생명의 손길
용서와 사랑의 손길
가련한 인생에게 놀라운 축복의 손길
병든 육체, 죽은 자까지 살리시는
능력의 손길입니다.

예수님의 못 자국 난 손길을
체험하는 자마다 새 사람으로 거듭납니다.

구원과 치유
구속의 능력이 모두 그 분의 손길에 있습니다.

주님의 못자국 난 손은
기적의 손, 전능자의 손길입니다.

예수님을 만나 뵈올 때

그 분의 얼굴을
마주 뵈옵는 날

생각만 해도 설레고
한없이 가슴 떨리는 그 날!

그 분을 뵈오면
난 무어라 말씀 드릴 수 있을까!

한 번도 뵌 적 없는 분을
그저 죽도록 사모하고 살았노라고……

그래서 무척 뵙고 싶었노라고……
아주 많이 그리웠노라고 —

딱 한 번 꿈에
아주 커다란 못자국 난 손
보여 주신 것으로도
지옥 같은 삶을 이겼노라고 —

최선을 다 했노라고 —
그러나 그러나……

그 거룩하신 모습 앞에서
무슨 말을 하리오.

다만 꼭 듣고 싶은 말씀 한 마디

"나의 사랑 너는 순전히
 어여뻐서 아무 흠이 없구나"

우리를 도우시는 성령님

인생의 막다른 골목에서
어찌할 바를 모를 때

그대여
잠잠하십시오.
모든 일을 멈추고 기다리십시오.

모든 걸 하나님께 맡기십시오.
어린 아이가 부모를 의지하듯
그 분께 기대십시오. 그리고 포기하십시오.

성령 하나님께서
그대를 위해 성부하나님께
중보하십니다.

그 분은
가장 훌륭한 우리들의 중보자이십니다.

그 분께서
그대 안에서
그대를 위해서 간구하실 때
놀라운 기적이 일어납니다.

성령님은
그대를 새롭게 빚는
토기장이 —

그대의 모습이
비로소 새롭게 빛날 것입니다.

성령의 원리

그대의 삶의 목적을
하나님을 기쁘시게 하려는데 두십시오.

하나님의 말씀을
의무감으로 따르지 마십시오.

억지로 자기 뜻을
하나님 뜻에 맞추지도 마십시오.
하나님의 뜻에 그대의 뜻을 맞추십시오.

자기 자신뿐만 아니라
모든 걸 다 드리고도
모자란다고 생각하십시오.

하나님을 사랑하므로
하나님 뜻에 무조건 순복하십시오.
그럴 때 성령님이 함께 하십니다.

성령께서 능력을 베푸실 것입니다.
폭포수 같은 능력을 ―
그 분이 그대에게 기름 부으실 것입니다.

그것이 성령의 원리입니다.

그것은 하나님의 영광입니다.
성령에 의해 이끌림을 받는 것은
이 세상에서 가장 놀라운 일입니다.
이 세상에서 가장 행복한 성공입니다.

날마다 죽는 연습

나는
그리스도와 함께 죽은 몸

지금
내가 산 것은
겉 사람, 겉 모양뿐

내 안에 오직
그리스도께서 사셨음을
날마다 확인하고자 합니다

날마다
내가 죽었음을 인식합니다.

내가 죽지 않으면
주님의 일을 망칠뿐……
하나님의 뜻을 이룰 수 없음을 알기에—

예수님은
순종적이고 물질을 포기할 줄 아는
보통사람들로 제자를 삼으신 예수님!

어부들, 세금징수자 그들은……
교육과 순종은 아무 상관이 없습니다.

내가 날마다 죽고
그리스도를 위해
그리스도의 옷을 입고 순종하길 원합니다.

결심의 기도

주님!
오직 한 가지만을 위해
살겠습니다.

이 세상
무엇보다도 오직 한 가지
그것만이 나의 전부입니다.

주님의 가장 소중한 존재가 되는 것—
주님의 눈동자같은

오직
주님의 미소!

오직
주님의 관심!

오직
주님의 기쁨되길 원합니다.

주님!
오직 한 가지
주님의 눈동자같은 존재가 되는 것

그것이
나의 전부입니다.

고통이 너무 많아서

세상에
고통스런 일이
많다고 낙심하지 마십시오.

고통이 많다면
극복할 힘, 또한 많음을 아십시오.

고통에 눌려있지 말고
극복할 힘을 찾으십시오.

찾을 힘이 없거든
하늘을 우러러 기도하십시오.

하늘의 하나님이
그대를 도우실 것입니다
고통이 영광의 꽃으로 피어나도록……

잃은 것은 아무것도 없네

그대의 삶에
잃어버린 조각들이 있다면

그대가 만약 하나님을 의지한다면

슬퍼하거나
좌절하거나
노하지 마십시오.

어느 날 그대 앞에 아름답고 황홀한 그림 한 폭—

살아있는 명화로 다가서리니

잃어버린 삶의 조각들이
완벽한 조화로 맞춰진
행복의 퍼즐처럼……

그대 인생의 기름진
제 2막이 열릴 것입니다.

그대 비로소
아무것도 잃은 것이 없음을 알것입니다.

야곱의 잃었던 아들
요셉이 애굽의 국무총리가 되었던 것처럼—

성령님은
보이지 않는 예수님

성령님은
살아계신 그리스도께서
보이지 않고
제한되지 않는 모습으로
오신 예수님.

성령께서는
그를 신뢰하고
전적으로 의지하는 자에게
친히 역사하십니다.

서로 아주 친밀하고
다정한 모녀처럼
혹은 다정한 모자처럼

때로는 연인처럼 대해 주시는 —

성령께서는
영원히 우리와 함께 하시는
스승— 그리고 어머니—

우리를 천국의 귀족으로 교육시키십니다.

부르심

당신의 삶 속에서
하나님의 부르심은 무엇입니까?

오직 주님만이
당신을 부르시어
어떤 사역이든 명하실 수 있습니다.

주님의 부르심을
온전히 듣고 깨달을 때
절대로 순종해야만 합니다.

부르심을 받은 사람은
사역을 벗어 날 방법을
찾지 못할 것입니다.

그러나
그 분의 부르심이
온전하다고
진실로 깨달을 때까지
그 분의 싸인을 기다리십시오.

나 주님을 사랑함으로

주님을 향한 나의 사랑은
인간 사랑의 범주를 넘어선 것.

창조주가 날 사랑하사
눈동자 같이 지키시니

그건 그저 놀라운 일 —

창조주를 향한 나의 사랑은
값진 보석 궁전이라도 바꿀 수 없네.

나 오직 그 분 위해 살고
그 분 위해 호흡하며
그 분의 미소가 그리워 기도합니다.

그 분의 마음 한 가운데
나 기쁨의 꽃으로 피어나기 원하며 —

영원히 지지 않는 기쁨의 꽃으로……

항상 베푸시는 하나님

하나님은
나의 필요한 것을
미리 아십니다.

생각하고
구하는 것에
능히 넘치게 베푸십니다.

하나님을
영원한 아버지로
삼는 사람은 복이 넘칩니다.

내게는
하나님이 주신
보증수표책이 있습니다.

"나의 하나님이 그리스도 예수 안에서
영광 가운데 그 풍성한대로
너희 모든 쓸 것을 채우시리라"

이 말씀의 보증수표에 액수를 쓰고
예수그리스도의 이름으로
싸인을 해서
하늘나라 은행에 청구합니다.

하나님은
늘 넘치게 베푸셨습니다.
하나님의 유산은 나의 재산이기도 합니다.

포기된 그릇

성령의 역사없이
무엇인가를 할 때

그건
어린 아이가
짐 지는 것처럼 힘든 것입니다.

무슨 일이든지
내가 하려할 때

성령님은
아무것도 아니하십니다.
그 분께 방해가 될뿐입니다.

하나님께서
원하시는 것은
금그릇도 은그릇도 아닙니다.

단지
깨끗하게 포기된
그릇만을 요구하십니다 ―

내가 할 일은 오직
그 분께서 하시는 모든 일을
즐겁게 바라보고
"하나님이 다 하셨어요"라고
만방에 그분만 자랑하는 것입니다.

성령께서 행하시는
역사를 볼 수 있는 것은
주님이 내게 주신 특권입니다.

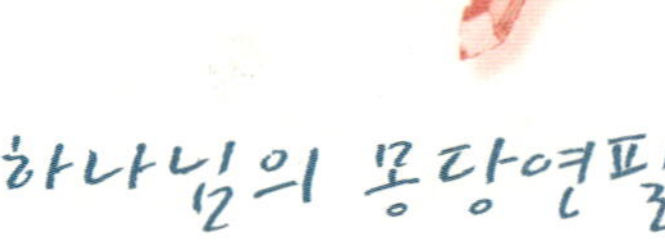

하나님의 몽당연필

어린 시절에
나는 몽당연필을 좋아했습니다.
아껴 쓰다가 정이 들어서일까

그런데 하나님도 몽당연필을
좋아하시나 봅니다.

마더 테레사가
자신은 하나님의 몽당연필이라고 했는데

나도 그렇습니다.
하나님은 몽당연필이
참 많으신 것 같습니다.

몽당연필로
그림도 그리시고
소설도, 동화, 동시
그리고 시도 많이 쓰시니까요.

하나님은 제일 못난이 몽당연필 나를
손가락에 끼시고
요즘 시를 많이 쓰신다.

몽당연필의 우주적인 예술가—
아! 참으로 멋지신 우리 하나님!

그리스도의 긍정적인 복음

그리스도의
긍정적인 복음은
나를 새롭게 합니다.

"무엇을 하지말라"는
부정적인 말보다는
"무엇을 하라"는
긍정적인 말에 능력이 있습니다.

진실로 예수님을 만나면
모든 부정적인 것으로부터
예수님이 구원하시기 때문입니다.

예수님을
높여드리는데 전념하면

예수님께서
모든 사람에게 나타나시어
그리스도 안에서
새로운 피조물이 되게 하십니다.

이 얼마나
신비하고 놀라운 일인지요!

내가 내 영광의 집을

"내가 내 영광의 집을
 영화롭게 하리라"
이는 하나님의 약속이십니다.

하나님의 집은 교회입니다.
교회 공동체는
예수님의 피로 사신
하나님의 가족입니다.

독생자의 보배피로
교회를 세우셨기 때문에
교회는 하나님의 영광의 집입니다.

교회의 머리는 예수님—
교회의 몸도 예수님-

예수님이 성령으로 오셔서
성전 삼으신 내 몸도 교회입니다.

그런고로
어찌 하나님이
교회를 당신의 「영광의 집」이라
아니하시겠습니까!

전능하신 하나님께서
곧 하나님의 영광의 집을
영화롭게 하신다고 하셨습니다.

나도
나의 가정도
나의 섬기는 교회도
모두 하나님의 영광의 집입니다.

할렐루야! 아멘!
(이사야60장)

무엇이 제일 귀한가

교회
가정
그리고 나.

무엇이 제일 귀할까요?

묻는다면
나는 서슴없이 말하겠어요.

셋은 하나이라고
세상에서 가장 귀한 하나이라고……

몸과 영과 혼이 합쳐
한 사람인 것처럼.

교회
가정
나는 하나라고—

셋이 합쳐
하나의 집
하나님의 집이라고.

하나님과 가까이

하나님과
가까이 있는 것보다
더 좋은 일은 없습니다.

하나님과
가까이 함께 하는 것보다
더 큰 성공은 없습니다.

하나님과
가까이 함께 사는 것보다
더 큰 행복은 없습니다.

하나님은
이 땅에 모든 사람들을
다 품어주시길 원하십니다.

하나님을 경외하는 자마다
영원히 행복의 장수로 충만케 하십니다.

(시 145:18-19)

하나님의 손

하나님의 손은
너무나도 거룩하시고 큰 손입니다.

하나님의 손은
항상 우리를 돌보시며
비단결보다 더 부드럽게
어루만지시지만

우리 눈에는 보이시지 않습니다.

그 대신에
그 분은 우리 모두를
그 분의 손으로 창조하셨습니다.

우리는 도움을
받기도 하고 주기도 하는

이 땅에서
하나님의 손입니다.

나는 얼마나
그 분의 손으로서
사랑의 도움을 주고 있는지……

푸른 하늘가에
떠오르는 하나님의 미소를
얼마나 자주 보고 있는지

하늘 한 번 보고 내 손 보며
생각에 잠겨 봅니다.

유대인 랍비가
그의 세 제자에게 물었습니다.

"만약 너희가 우연히
큰 돈을 발견하면 어찌 할 것인가?"

처음 제자가
"주인에게 돌려주겠습니다."

"난 네 말을 믿지 않는다
너는 깊이 생각도 않고 대답하는구나."

두 번째 제자가
"보는 사람이 아무도 없다면
그 돈을 제가 갖겠습니다."

"넌 솔직하긴 하지만
믿을 수가 없는 자구나."

세 번째 제자는
"물론 그 돈을 갖고 싶은
유혹을 느낄 것입니다.
하지만 악에서 벗어나
옳은 일을 할 수 있는 힘을 달라고
하나님께 기도하겠습니다."

랍비가 웃으며 말했습니다.
"하나님의 축복을 받아라!
너는 내가 믿을 만한 사람이다."

내가 랍비의 제자였다면
나는 어떤 대답을 했을까!
그리고 내 아이들은……

세상이
요란한 소리를 낼 때마다

조용히 묵상하고 싶은
탈무드의 얘기입니다.

하나님께서 아름답게 보시는 것

하나님께서
아름답게 보시는 것은
외모에 있지 않습니다.

우리의 행동 속에 들어있는

순수한 동기
뜨거운 사랑
조용한 순종입니다.

우리의 마음 속에 들어 있는

변함없는 믿음
정금같은 믿음입니다.

우리의 몸에서

베어 나오는
그리스도의 향기입니다.

첫걸음

아기 때부터
첫걸음은 두려움이었다.

그러나
본능적으로
넘어져도
두려움을 극복하고

다시 걸을 수 있는 힘을
창조주께서 주셨다.

그러므로 나는
첫걸음을 방해하는
두려움을 대적한다
미래의 만족한 기쁨을 위해서……

괴테(Goethe)의 응원소리가 들린다.

"무엇을 하건
무슨 꿈을 꾸건 일단 시작하라.
담대함에는
재주와 힘과 마술이 담겨 있다."

내 인생 제 3막의
첫걸음에
벌써 힘이 붙는다.

하나님이 보내신 천사들이
내 앞서 가고 있다.

승리는 나의 것!

오직
하나님의 영광을 위하여 —

1분을 1년같이 살리라

총부리를 겨누는
사형장에서

생명줄을
마지막 생명줄을 붙잡고

꿈꾸듯 열망하는
불타는 가슴이

그 내부의
소리없는 부르짖음이

마치 내 것인 양
내 영혼을 적심은 웬일일까?

도스토예프스키의 절규가 들린다.

"만약 내가 죽지 않는다면……
내게 다시 삶이 주어진다면……
1분을 1년같이 살리라!

난 더 이상 잃어버릴 것이 없다
1분이 지나갈 때마다
그 시간을 셀 것이며
단 1분도 낭비하지 않으리라!"

생에 대한 열망이
이보다 더 뜨거울 수 있을까?

그의 열망이 하늘에 닿아서
기적으로 순간 총살형을 면했고
그는 그 생의 보상처럼
세계 불후의 명작소설을 남겼다.

도스토예프스키처럼
나는 1분을 1년같이 살고 싶다.

황혼 길을 접어든
나이 탓만은 아니다.

나의 청년시절을
하나님 없이 살은 것이 아쉽고

사실 우리 모두는
시한부의 인생을 살고 있지 않은가……

하나님의 사랑을
점점 크게 누릴수록
남은 세월이 아까워서다.

하나님의 무궁한 사랑을
알지 못하는 사람들이
안타까워서다.

아! 모든 그리스도인들이
복음을 전하기 위해서
1분을 1년같이 산다면

그래서
지구촌 모든 사람들이
다 하나님 자녀가 된다면
더 이상 바랄 것이 없으리라.

오! 주님, 저의 불타는
가슴의 기도를 들으소서!
아멘!!!

가장 탁월한 것

문명과
과학이 발달할수록
인간의 도덕성과 존엄성은
무너져 내리고 있다.

무언지 모를
목마른 그리움이

차라리
문명의 뒤안길로
숨어들고 싶게 한다.

단순하게 살고 싶다.
어린시절 동심으로 돌아가고 싶다.

"모든 것에서
가장 탁월한 것은
단순함이다"라고 말한
롱펠로우가 생각난다.

가장 탁월한 것이 아닐지라도
단순해지고 싶다.

승자인가, 패자인가?

승자는
쓰러질 때마다
다시 일어난다.

승자의 사전에는
낙심과 좌절이 없기 때문이다.

승자의 마음에는
언제나 소망이 있을 뿐―

승자의 눈은
저 높은 하늘에 있고

약자에게 언제나
다정한 친구가 되어준다.

패자는
쓰러질 때마다
주저앉았다가 누워버린다.
패자의 사전엔

낙심과 좌절
원망과 불평이 가득하기 때문이다.

패자의 마음은
탐욕과 시기 질투의 온상

패자의 눈은
땅에 고정되어 있고
하늘을 볼 줄 모른다.

패자는
아무 이득도 없이
강자에겐 약하고 비굴하며
약자에겐 표범처럼 강하다.

그대는
승자인가?
패자인가?

자신에게
옳은 판단을 할 수 있다면
그대는
이미 승자의 자질을 가진 것이다.

나의 왕께 바치는 노래

주 예수, 나의 왕이시여!

십자가의 대속으로 나를 사신
주 예수, 나의 왕이시여!
주 예수, 나의 신랑이시여!
주님이 흘리신 보배 피로
나는 주님과 정혼한 신부!

내가 주님을 사모함으로
나의 심장이 언제나 즐겁게 뜁니다.
나의 숨쉬는 호흡마다
주님을 찬양케 하소서!

언제나 나와 함께 하사
주님만으로 나를 채우소서!

강물이 바다로 흘러간 후엔
강물이 바닷물이 되듯이—

나 주님 속에 녹아져서
나는 없고 주님만 있게 하소서!
나는 없어도 주님 안에서 숨쉬는
나는 주님의 순결한 신부, 주님의 사랑―

오, 내가 영원히 사모하고 노래할
주 예수, 나의 왕이시여!
주 예수 나의 님, 나의 신랑이시여!

오, 나의 영혼-
진심으로 주님께 감사 찬양 드립니다
영원, 영원 무궁 세세토록―

예수님 호흡, 내 호흡!

예수님이
세상에 오신 이유는
보이지 않는 하나님을
우리에게 보이시려 함이시지요

예수님이
세상에 오신 이유는
하나님의 크고 큰 사랑을
우리에게 주시려 함이시지요

예수님이
세상에 오신 이유는
하나님과 함께 호흡하시며
우리랑 영원히 사시려 함이시지요

하나님 호흡이 예수님 호흡인 것처럼
예수님 호흡이 내 호흡이 된 것은
성령님이 오셔서 이루신
영원한 선물임을…!

이제는 알아요 하나님의 마음을 …!
그 참혹한 십자가를 지신
예수님의 마음을 …!

아―아―! 아―아―!
예수님 호흡, 내 호흡!
내 몸의 숨쉬는 호흡마다 주님의 노래…!
나의 호흡은
영원히 주님을 노래하는 찬양입니다.

할렐루― 할렐루야!
할렐루― 할렐루야!
할렐루― 할렐루야―아―멘!

사랑의 꽃으로

이대로
이대로
무릎 꿇고
두 손을 모은 채
잔뜩 미소를 머금은 얼굴로—

이대로
이대로
주님 품에 안기고 싶어요
주님 계신 그곳에 가고 싶어요.

그러나
그러나
저에게 주신 귀한 주님의 사랑!
세상에 나눌 일이 남았기에
할 일 많은 이 땅에 더 있으라 하시겠지요.

그러나
그러나
이 땅에 남아서
주님의 일하는 중에도

주님의 사랑에
감사와 찬양을 가득 담아 드리오니
녹익은 사랑의 꽃으로 피어나게 하소서!
간 데마다 주의 향기로 추수하게 하소서!

사랑의 꽃으로
저를 주님 품에 심으소서!
심으소서 심으소서! 주님 품에
영원히 주의 향기로운 사랑의 꽃으로……

예수님의 부활 생명

부활 생명 예수님!
날 찾아 오시니
그 신비한 황홀함에 취해
나는 간 곳 없고 주님만 보입니다.

부활 생명 주님을
모신 내 마음은 새 하늘 ─

부활 생명 주님을
모신 내 몸은 새 낙원 ─
주님이 다스리시는 사랑의 왕국입니다.

부활 생명으로
영생의 맛을 보니
천국의 영광을 이 땅에서도 누립니다.

완전한 행복

더 이상 바랄 것도
더이상 채울 것도 없는
온전하고도 아름다운 행복,
무지개보다 더 아름다운
나에겐 그런 완전한 행복이 있어요.

만유 위에 뛰어나신 이름,
예수 그리스도!
천국의 기쁨 되시고,
세상의 소망이신

그 이름은 나의 주님
그 이름은 나의 영원한 행복.

나의 전부이신 사랑!
주님은 나의 생명—
오직 주님만이 나의 완전한 행복이시지요.
오, 내가 영원히 사모하고 노래할
거룩하시고 완전한 나의 행복이시여!

주님의 보혈, 그 샘물에서

장미꽃 위에 맺힌
아침이슬보다 더 맑은 주님의 보혈~

그 맑은 샘물에
죄로 시들은 내영혼을 담그면

향기롭게 다시 피는 꽃
나는 한 송이 주님의 백합화

주님의 보혈, 그 맑은 샘물에서
내 영혼을 씻으면
날개 달린 하얀 신부 옷입고
주님과 함께 춤을 춘다네.

거룩한 즐거움의 춤,
황홀한 사랑의 춤을 ……

주님의 보혈, 그 샘가에서
밤새워 날 기다리신
나의 영원한 신랑 예수님~

그가 내손 잡아 주시면
그 황홀한 사랑에 녹아져
나 주님의 심장과 하나되네.

오, 거룩하고 달콤한 주님의 사랑,
영원한 사랑이여!

예수님 값짜리 산제물을

나의 사랑
나의 전부이신 하나님~

인생이 어디서 와서
어디로 가는지
그 비밀을 깨우쳐 주시고
그 비밀의 황홀한 나라
본향집으로 인도하시는

나의 사랑
나의 전부~
만유의 주, 왕들의 임금이신 하나님!

십자가 제단에서
어린양 보혈로 정결케 한
내 몸과 영혼을 산제물로 드립니다.

솔로몬 왕의
일천 번제물과 비교할 수 없는
예수님 값짜리 산 제물을……

내가 얼마나 귀한 존재인지
티끌 같은 나를 예수님에다 더하면
무한대의 값이라고
말씀해 주신 아버지 하나님!

그러므로
예수님 값짜리 나를
산 제사로 드립니다
받으소서, 받으소서, 받으소서!

주의 영광 위해 지으신 인생들이오니
온 땅의 민족들로 주 하나님을 찬양케 하소서!
주의 영광 나타내소서!
만민들로 주의 영광을 보게하소서!

할렐루야~ 주의 이름으로
모든 영광 오직 주님께만~

모든 일은
내 노래에 반주기

주님 사랑해요
주님 사랑해요
주님은 나의 노래.

주님을 노래하면
내 마음은 종달새처럼 하늘을 날아요.

내가 하는 모든 일은
내 노래에 반주기예요.

예배 드릴 땐 피아노가 반주하지만
설거지 할 때는 설거지통이
물소리 그릇소리로 반주하고
난 주님을 노래해요.

청소할때는
청소기가 큰 소리로 반주하고
난 작은 소리로 주님을 노래해요.

가을엔 낙엽 긁는 갈퀴가 반주해요.
낙엽 긁는 소리 푹, 푸—욱 반주하면
난 주님을 노래해요.

갈퀴는 멋진 반주기—
새 노래를 부르게 하지요.

주님이 기뻐하시는
알곡을 풍성히 모으라고……
수북수북 쌓인 낙엽처럼
지상 하늘나라 창고마다
알곡을 가득가득 채우라 하지요.

갈퀴는 내 노래 가사도 붙여 주는 반주기
그 가사는 나의기도, 난 주님께 노래해요.

내가 하는 모든일은
내 노래에 반주기예요.

주님은 나의 영원한 행복

주님 주님 사랑해요
주님 주님 사랑해요.
주님 주님 정말로 사랑해요.

주님 주님 감사해요
주님 주님 감사해요
주님 주님 정말 너무나 감사해요

주님 주님 주님을 노래해요
주님 주님 주님을 노해해요
주님이 너무나 좋아 절로 노래가 나와요.

주님을 사랑함이 나의 영원한 행복
주님만이 나의 영원한 행복이예요.

주님을 노래하면
슬픔도 저 멀리 달아나요.
미움도 고통도 달아나고
언제나 주님의 사랑이 나를 감싸지요.

주님 주님 소원 하나 들어 주세요.
세상 모든 사람들 마음에
주님 사랑하는 마음 부어주셔서
그들도 모두 다 행복하게 해주세요.

주님 주님 정말 사랑해요
영원히 영원히 사랑해요.
할렐루야— 아—멘—

끝없이 언제나

사랑해요, 주님!
사랑해요, 주님!
끝없이 언제나 주님만 사랑해요.

나는 주님 사랑할 줄 밖에 몰라요
주님만 주님만 사랑하는 것이
곧 나의 행복인 것을……
뒤 늦게 알고 난 후에 다른 것은 몰라요.

바보라고 해도 좋아요
이기주의자로 불러도 괜찮아요.
주님 사랑만이 모든 일의 해답인걸요.

다른 것은 몰라요.
그냥그냥 주님만 사랑해요.
끝없이 언제나……

사랑해요, 주님!
사랑해요, 주님!
사랑해요, 주님!

주님 위해 숨 쉬고 있어요

사랑하는 주님!
주님 위해 숨 쉬고 있어요.
저는 주님의 호흡—

주님 위해
숨 쉬는 호흡.
아무것도
제 힘으로 할 수 없어요.

저의 숨 쉬는 호흡조차
제 힘으로 하는 것이 아님을
깨닫는 이 시간
흐르는 감격의 눈물 주체 할 수 없습니다.

저는 주님의 호흡—
주님 위해 숨 쉬는 주님의 호흡이오니
저의 생명체 전부가
순전히 주님께 영광이 되게 하소서!

무엇을 잘해서가 아니오라
제 생명 주님이 지으신
신묘막측한 소우주 —
주님의 작은 우주이기에
주께 영광됨이 마땅하나이다.

이시간
주님 위해 숨 쉬고 있음을
깨달은 것이 제 평생에 배운
지식과 지혜보다 더 크나이다

제 생명체
어린양의 보혈에 담그사
날마다 희고 정결한 산 제물로 받으소서!

오, 주여!
저의 숨 쉬는 호흡이
주님을 영화롭게 하소서!
주님 위해 숨 쉬고 있어요.

어머니 성령님 사랑합니다!

성령님
성령님
나의 어머니 성령님!
사랑합니다, 사랑합니다.
나의 온 몸과 마음 다해 진심으로 사랑합니다.

언제나 잠잠히
침묵만 하시는 어머니—
그러나 그 침묵 속에서 흘러 나오는 사랑
말로 다 할 수 없어 때때로 엉엉 울어버립니다.

침묵 속에서
소리 없는 부드러운 어머니의 말씀—
"애야, 언제나 나를 닮으렴.
널 그리스도의 형상으로 만들어
그의 신부로 주려는 내마음 알아다오"
주시는 그 말씀에 순종하기 원합니다.

어머니
어머니
성령님은 나의 영원한 어머니!
숭고하신 그 성품 닮기 원합니다.

침묵 속에 숨어 계신 어머니의 신비한 사랑—
보이지 않아도 언제나 거룩하신 형상.
그 품에서 전류처럼 흐르는 신비한 사랑
저를 통해서도 소리 없이 나타내소서!

어머니의 그 사랑에 매이면
변화 받지 못할 사람이 없나이다.

저도 어머니처럼
묵묵히 거룩한 향기로 살게 하소서!
전류처럼 뜨거운 사랑의 열기를
보이지 않는 햇살로 공급하시는 어머니처럼……

악인이나 선인이나
구별 없이 공기와 물을 주시듯
보이지 않게
사랑을 퍼주시는 어머니 성령님!
당신의 분신이 된 나—
당신처럼 살게 하소서!

날마다 승전고를 울리세!

할렐루 할렐루야!
주님의 승리, 나의 승리!
날마다 승전고를 울리세.

소리 높여 여호와 닛시, 예수 승리!
주님이 모든 원수를 이미 이기셨네.
주님의 승리, 나의 승리—
할렐루, 할렐루야! 주님만 찬양해.

할렐루, 할렐루야!
주님의 승리, 나의 승리!
날마다 승전고를 울리세.

소리 높여 여호와 닛시, 예수 승리!
주님이 이기신 전쟁, 나 패할 수 없네
주의 이름은 승리, 그 이름 높여
할렐루, 할렐루야! 주님만 찬양해.

꿈만 같아요

사랑하는 주님을
생각하면 할 수록
꿈만 같아요

말로 다 할 수 없는
하나님의 영광을 입고 사는 내가
믿을 수가 없어요—
모든게 꿈만 같아요

날이 가고
달이 가며
년 년이 흐르는 세월이
쏜 살같이 지나갈 수록—

사랑하는 주님
만날 생각하면 할 수록
더욱 꿈만 같아요

항상 주님의 얼굴을 구하고
주님의 은혜를 입고 사는 것—
정말 꿈만 같아서 날마다 행복하지요.

이 지구상에는

주 하나님 지으신 모든 세계
참으로 아름답고 놀라우나

갈보리 십자가 보다
더 감동 주는 사랑나무는 없네

흉악한 죄인의 사형틀이
이 지구상에서
가장 빛나고 아름다운 십자가 —
날 위한 사랑 나무!

주님이 날 신부 삼으시려
그 곳에 메달리사
죽음으로 날 구하셨네.

이 지구 상에는
십자가 보다 더 아름다운 것은 없네.

그 이름 예수!

아름답고 거룩하신…
인자와 진리가
무궁한 그 이름 예수!

긍휼과 사랑으로
죄인을 살리신…
사단도 무서워 떠는
권능의 왕 그 이름 예수!

아름답고
신비한 그 이름 예수!
그가 나를 영영 죽을 죄에서 건지셨네

예수 그 이름!
우주보다 더 크고 신비해…
예수 그 이름!
우주보다 우주보다 더 큰 사랑
영원 무궁히 넘치고 넘치는 사랑 ─

그 이름 예수!
하늘과 하늘들과 땅과
우주의 모든 권세가 …
그 이름 안에 충만한 만왕의 왕 예수!

영원한 나의 신랑—
거룩한 그 이름 예수!

내가 영원히
사모하고 사랑할 수 밖에 없는
그 이름 예수!

날 사랑하사
십자가의 참혹한
고통 당하신 그 이름 예수!

날 위해
십자가에서
물과 피를 다 쏟으시고 죽으셨다가
날 살리시고 부활하신 그 이름 예수!

영원히
영원히
찬양하리라 그 이름 예수!

영원히
영원히
사랑하리라 그 이름 예수!

생각만해도
행복한 그 이름 예수!

찬양 중에 거하시는 하나님

찬양하세 찬양하세
할렐루— 할렐루야—
찬양 중에 거하시는 하나님이

죄악의 모든 성을
기초부터 흔드시네

찬양하세 찬양하세
할렐루~ 할렐루야~
존귀 영광 만왕의 왕 우리 주께
찬양은 마땅히 드릴 우리의 제사라

찬양하세 찬양하세
할렐루~ 할렐루야~
우리의 찬양을 즐기시고
우리의 찬양 중에 거하시는 주님께—

찬양하세 찬양하세
순풍에도 고난의 한 밤중에도
할렐루~ 할렐루야~
우리 주님이 기적을 베푸시네

순결한 나의 영혼을

오, 나의 주, 나의 왕이시여!
날마다 새해로 맞이해
새 마음으로 시종―
깨끗하고 순결한 영혼을
주께 드리길 갈망합니다.

사랑하는 성령님! 임하소서!
성령의 기름 한량없이 부으사

성령의 능력으로
말씀을 순종케 하소서!
뜨거운 사랑으로
진리를 순종할 때만이
나의 영혼이 깨끗하여
순결한 왕의 신부되리이다.

할렐루 할렐루야! 할렐루 할렐루야!
오, 나의 주, 나의 왕이시여!
내가 오직 주를 사랑하나이다.

나는 왕의 신부라

나는 왕의 신부라
만왕의 왕의 신부
예수 그리스도 만왕의 왕의 신부!

만제전부터 하나님이 택하신
나는 왕의 신부라
만왕의 왕의 신부
예수 그리스도 만왕의 왕의 신부!

나는 왕의 신부라
만왕의 왕의 신부
예수 그리스도 만왕의 왕의 신부!

왕의 눈에 영원한 아름다움
왕의 마음엔 영원한 기쁨되는
나는 왕의 신부라
예수 그리스도 만왕의 왕의 신부!

할렐루 할렐루야!
모든 영광 나의 왕께!
할렐루 할렐루야!
모든 영광 나의 왕께!
나는 만왕의 왕의 신부라!

말로 다 못하네

말로 다 못하네
말로 다 못하네
말로 다 할 수 없네

우리를 구원하신
하나님의 은혜를—

말로 다 못하네
말로 다 못하네
말로 다 할 수 없네

우리를 돌보시는
하나님의 큰 사랑을—

말로 다 못해서
말로 다 못해서

내 몸과 온 맘을
온전히 다 드리네
온전히 다 드리네

오! 주님 받으소서!
오! 주님 받으소서!
오! 주님 받으소서!

은목의 행복나누기
이웃이 행복해져야
나도 행복합니다!

후원계좌 : 국민은행 036101-04-012388   예금주 : 강석자(은목)
Tel 02-916-2775 · 주소 : 서울 성북구 정릉 4동 815-17호(우 136-104)
E-mail : eun-mok@hanmail.net · blog.daum.net/eun-mok

하나. 독거노인돕기

외롭고 소외된 어르신들을 사랑하는것이 하나님을 사랑하는 것입니다. 진정한 행복은 나눔에 있습니다. "가난한 자를 불쌍히 여기는 것은 여호와께 꾸이는 것이니 그 선행을 갚아 주시리라"(잠 19:17)

둘. 불우청소년돕기

이 땅의 많은 새싹이 그 꿈을 잃고 어려워하고 있습니다. 그들은 우리의 꿈과 소망이기도 합니다. 우리의 소중한 아이들을 위해 지금의 행복을 나누어 준다면 그들은 자라날 것입니다.

셋. 교도소 책보내기

좋은 책은 행복의 씨앗과 같습니다. 행복의 씨앗을 나누어 주는 책보내기 행사입니다.
담안의 형제자매들이 행복해져야 우리 사회도 행복 할 수 있습니다.

넷. 군부대 책보내기

인생의 황금기를 군에서 보내는 우리의 젊은 청년들의 가슴에 행복의 씨앗을 심어 주고 싶습니다.

시로 빚은 묵상과 영성
죽어서 십자가가 된 나무

저자 · 예은목

2010년 11월 18일 인쇄
2010년 11월 20일 발행

발행인 · 강 석 자
발행처 · 은   목
인   쇄 · 영진문원

출판등록 · 2005년 7월 1일 · 제25100-2003-000010호
139-811 서울특별시 노원구 상계동 4동 111-596
전화(02)916-2775 / H.P 011-388-8662
E-mail : eun-mok@hanmail.net
blog.daum.net/eun-mok
값 9,000원

ISBN 978-89-957014-8-5

ⓒ 판권 저자 소유

※ 이 책은 일부분이라도 저자의 허락없이는
   무단복제할 수 없습니다.
Printed in Korea

♣ 은목의 행복나누기

행복한 삶의 이야기들 행복의 작은 부스러기들을 아름다운 삶의 향기로
묶어 책을 만들어서 행복을 심고 거두어 함께 누리는 것이 은목의 꿈과
비전입니다. 이러한 은목의 꿈은 결국 이웃과 함께 하는 것입니다.